EL LIBRO
DE LAS NUBES

EL LIBRO DE LAS NUBES

ESCRITO E ILUSTRADO POR

Tomie de Paola

Traducido por Teresa Mlawer

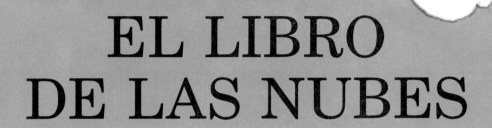

Holiday House·New York

Para Eunice H.

Copyright © 1975 by Tomie de Paola
Translation copyright © 1993 by Holiday House, Inc.
All rights reserved
Printed in the United States of America
Library of Congress Cataloging-in-Publication Data
De Paola, Tomie.
[The cloud book. Spanish]
El libro de las nubes / escrito e ilustrado por Tomie de Paola :
traducido por Teresa Mlawer.
p.   cm.
Summary: Introduces the ten most common types of clouds, the myths
that have been inspired by their shapes, and what they can tell
about coming weather changes.
ISBN 0-8234-1054-4. — ISBN 0-8234-1055-2 (pbk.)
1. Clouds—Juvenile literature.   [1. Clouds. 2. Spanish language
materials.]   I. Title
QC921.35.D4618   1933   93-18316   CIP   AC
551.57'6—dc20

Casi siempre que sales
y miras hacia el cielo,
puedes ver nubes.

Las nubes son pequeñas gotitas de agua o hielo,
suspendidas en la atmósfera
a gran distancia de la tierra.

Si en un pájaro pudieras subir a las alturas,
podrías ver la Tierra cubierta de nubes.

Hay varias clases de nubes.
Algunas están muy altas, otras menos,
y algunas más bajas.
Las tres más importantes se llaman:
cirros, cúmulos y estratos.
Las puedes distinguir por su forma
y por su posición en el cielo.

Los *cirros* son nubes blancas y ligeras,
y las más altas de todas.
Reciben también el nombre de nubes *cirrosas*.

Los *cúmulos* son nubes grandes y abultadas
y parecen coliflores gigantes.
Siempre están cambiando de forma
y se encuentran a poca altura en el cielo.

 ÉSTA ES UNA NUBE   ÉSTA ES UNA COLIFLOR

Los *estratos* también son nubes bajas.
Parecen suaves mantas de color gris
que se conocen también como "niebla".
A veces, dejan caer a su paso llovizna o nieve ligera.

Hay otras clases de nubes.
Tienen nombres más largos
porque parecen cirros, cúmulos y estratos
unidas en parejas.

Cirrocúmulos son pequeñas nubes de consistencia lanosa,
muy difíciles de ver por encontrarse muy altas en el cielo.
Algunas personas las llaman "cielo aborregado".
Los franceses las llaman "mouton", que significa carnero.

"MOUTONS"

Los *cirroestratos* también se encuentran a gran altura.
Cubren el cielo con un velo fino de color muy blanco.
Cuando miras el sol y la luna a través de ellas,
puedes ver un anillo luminoso que se llama halo solar. Estas
nubes a veces se conocen con el nombre de "sábanas blancas".

Los *altoestratos y altocúmulos* se encuentran en medio
del cielo.

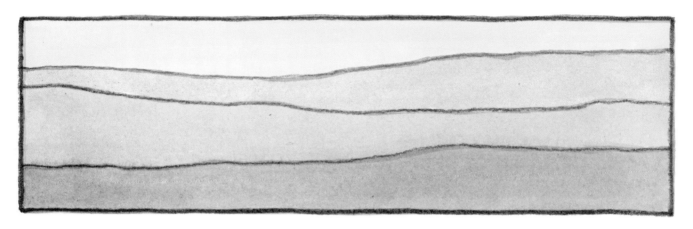

Los altoestratos parecen franjas grises o azules
y a su paso pueden dejar caer lluvia o nieve.

Los altocúmulos son nubes similares a los cirrocúmulos,
pero más abultadas.
Pueden ser grises o blancas,
y si caminas debajo de ellas
puede que sientas alguna llovizna o nieve ligera.

Los *nimboestratos, estratocúmulos y cumulonimbos* son capas de nubes bajas.

Los nimboestratos con frecuencia producen lluvias o nevadas.
Son fáciles de ver porque son densas y oscuras.

Los estratocúmulos parecen grandes extensiones
de nubes de color grisáceo o azulado,
pero en realidad no son nubes de lluvia.
Por lo general, se ven en el invierno.

Los cumulonimbos se pueden
ver durante una tormenta. Parecen
montañas de gigantescos cúmulos.

17

La niebla es una nube compuesta por diminutas gotas
de agua que se forma al hacer contacto con la superficie
terrestre. Puede llegar hasta tu patio,
especialmente si vives en una montaña.

En las montañas, las nubes se conocen
por otros nombres

UNA

OTRA

Una se conoce como "la bandera".
La otra se conoce como "la boa".

ESTA BOA NO ES UNA NUBE. ES UNA SERPIENTE.

En tiempos antiguos, las personas miraban a las nubes y veían cosas.

Los americanos nativos creían ver en las nubes oscuras unas aves a las que llamaban pájaros de tormenta.

Los antiguos griegos creían que Hermes, el mensajero de los dioses, (quien era también el viento), una vez se robó el rebaño del sol (que eran las nubes).

Y en el Labrador, una península que se encuentra más al norte, existía la creencia de que la niebla era ocasionada por un oso blanco que bebía mucha agua y explotaba.

Algunas personas, incluso, veían gigantes, animales, barcos y castillos en las nubes.

Hay algunos refranes sobre las nubes
que nos ayudan a predecir el tiempo.

PARA LOS CAMPESINOS:

Cuando por la montaña la niebla sube
Pronto cae la lluvia de la nube.

Por la tarde arreboles
Por la mañana soles.

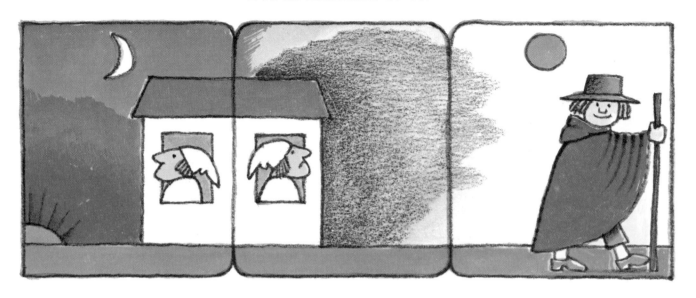

Un atardecer gris y un amanecer rojizo
Es señal de lluvia o granizo.

Si el día amanece muy nublado,
la gente suele decir:

Cielo aborregado

Suelo mojado.

Y los marineros saben que:

Cielo empedrado y nubes cirrosas

Señales son de una tormenta espantosa.

También hay refranes graciosos.
Si alguien está desorientado y no sabe que hacer,
la gente suele decir:

La nube entra en la habitación.

La nube cubre la habitación.

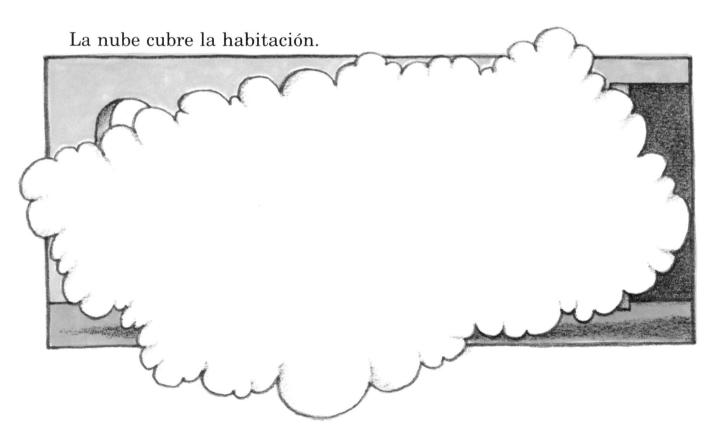

La nube sale de la habitación.

La habitación.

Ya ves que las nubes pueden ser divertidas, un poco tontas y muy interesantes.

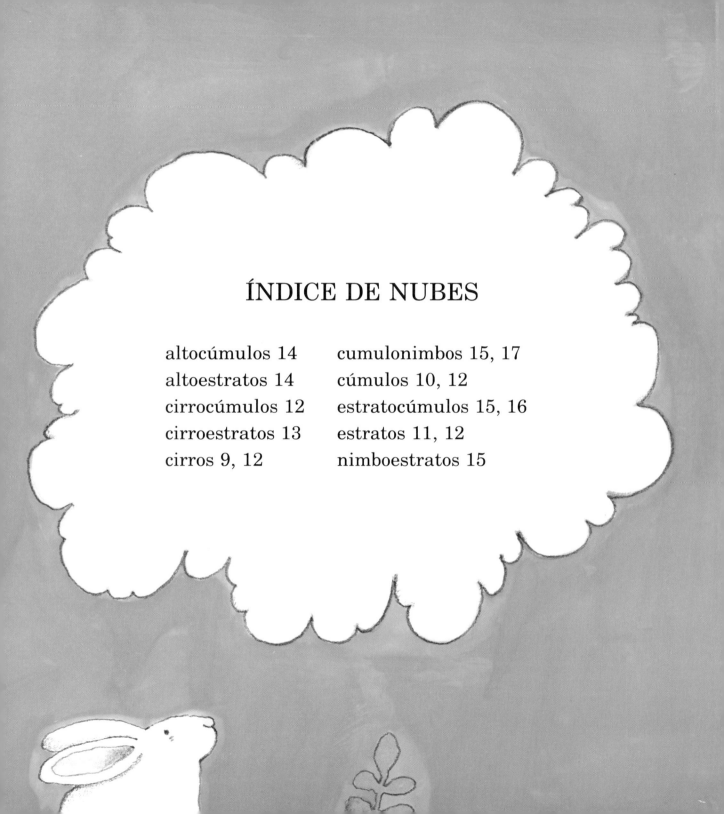

ÍNDICE DE NUBES